TIRARSE PEDOS MEJOR

*¡Cuando el culo está acostumbrado al pedo,
no se lo puede sostener!
La mejor guía para el pedo Perfecto.
Darse aires, como nadie lo ha hecho antes.*

De un increíble esfuerzo del Gran Maestro

MAO TZE TZE

Indice

Introducción

¿Alguna vez has estado en una situación en la que tirarte un pedo sería extremadamente embarazoso y tuviste que aguantartelo? Admítelo, todos lo hemos hecho.

Tratar de retener los pedos conduce a una acumulación de presión y un fuerte malestar. Una acumulación de gases intestinales puede desencadenar la distensión abdominal, con un poco de gas reabsorbido en la circulación y exhalado. Retener los pedos durante demasiado tiempo significa que la acumulación de gas intestinal se escapará a través de un pedo incontrolable.

No está claro si el aumento de la presión en el recto aumenta las posibilidades de desarrollar una condición llamada diverticulitis, en la que pequeñas bolsas se desarrollan en el revestimiento intestinal y se inflaman, o si no tiene ninguna importancia.

Entonces, ¿qué es el flatus?

Flatulencias y pedos se refiere a los gases intestinales que entran en el recto debido a los procesos gastrointestinales normales de digestión y metabolismo del cuerpo y luego salen a través del ano.

Mientras que su cuerpo digiere la comida en el intestino delgado, los componentes que no pueden ser descompuestos se mueven aún más a lo largo del camino gastrointestinal y finalmente en el intestino grueso llamado colon.

Las bacterias intestinales eliminan algunos de los contenidos por fermentación. Este proceso produce gases y productos llamados ácidos grasos que son reabsorbidos y utilizados en las vías metabólicas relacionadas con la inmunidad y la prevención del desarrollo de enfermedades.

Los gases pueden ser reabsorbidos a través de la pared intestinal en la circulación y finalmente exhalados a través de los pulmones o excretados a través del recto, como un pedo.

¿Cuántos pedos son normales?

Puede ser difícil para los investigadores convencer a la gente para inscribirse en experimentos que miden los pedos. Pero afortunadamente, diez adultos sanos se ofrecieron voluntarios para cuantificar la cantidad de gas que liberan en un día.

En un período de 24 horas, todos los pedos que emitieron se recogieron a través de un catéter rectal (¡ay!). Durante el experimento, los participantes comían normalmente, pero para garantizar un impulso en la producción de gas también se les pidió comer 200 gramos de frijoles al horno.

Los participantes produjeron un volumen total medio de 705 ml de gas en 24 horas, con una emisión de 476 ml a 1.490 ml por persona. Se produjo en el mayor volumen de hidrógeno (361 ml en 24 horas), seguido de dióxido de carbono (68 ml/24 horas). Sólo tres adultos produjeron metano, que oscilaba entre 3 ml y 120 ml/24 horas. Los gases restantes, que se cree que eran principalmente nitrógeno, contribuyeron durante aproximadamente 213 ml/24 horas.

Hombres y mujeres produjeron aproximadamente la misma cantidad de gas y tuvieron un promedio de ocho episodios de flatulencia (individuales o una serie de pedos) durante 24 horas. El volumen oscilaba entre 33 y 125 ml por pedo, con mayores cantidades de gases intestinales liberados en la hora después de las comidas.

El gas también se ha producido mientras dormían, pero a una velocidad que se ha reducido a la mitad con respecto a la de día (media de 16 ml/hora frente a 34 ml/hora).

Fibra y flatulencia

En un estudio sobre fibras dietéticas y flatulencia, los investigadores estudiaron lo que sucede con la producción de gases intestinales cuando las personas se someten a una dieta rica en fibras.

Los investigadores han invitado a diez voluntarios adultos sanos a seguir su dieta habitual durante siete días, consumiendo 30 gramos de fibra soluble al día. Una semana, se les pidió que agregaran 10 gramos - alrededor de una cuchara llena - a cada comida.

Al final de cada semana, los participantes fueron llevados al laboratorio y, en un experimento cuidadosamente controlado, se insertó un catéter intrarectal para cuantificar la forma en que el gas (en términos de volumen, presión y número) se movía a través del intestino en un par de horas.

Descubrieron que la dieta rica en fibra ha llevado a una retención inicial de gas más larga, pero el volumen sigue siendo el mismo, lo que significa unos pocos pedos, pero más largos.

¿De dónde vienen los pedos?

El gas en el intestino proviene de varias fuentes. Puede ser debido a la ingestión de aire. O del dióxido de carbono producido cuando el ácido del estómago se mezcla con el bicarbonato en el intestino delgado. O los gases pueden ser producidos por bacterias que se encuentran en el intestino grueso.

Mientras que se cree que estos gases realizan tareas específicas que tienen un impacto en la salud, la producción de gases intestinales excesivos puede causar hinchazón, dolor, borborigmo (que significa ruido) y muchos pedos.

Los gases más olorosos se deben a los gases que contienen azufre. Esto se confirmó en un estudio en 16 adultos sanos que fueron alimentados con frijoles pintos y lactosa, un carbohidrato no absorbible que se fermenta en el colon. La intensidad del olor de los campeones de flatulencia fue evaluada por dos jueces (lástima por ellos).

Le Petomane:
El Tirador de pedos
más famoso del mundo

Antes de seguir discutiendo científicamente el misterio que son los pedos, nos gustaría presentarles a un talento único, un modelo, una inspiración: Le Petomane.

De todas las estrellas del escenario en la Meca cultural de París a finales del siglo XIX, la mayor atracción del Moulin Rouge era un hombre que se tiraba pedos.

El tirador de pedos, Joseph Pujol se llamaba Le Petomane, que significa "El Pedorreador", y ha demostrado ser el epítome del tirador de pedos artístico. La habilidad única de Pujol para controlar sus pedos ofrecía un estilo de comedia que trascendía la edad, la etnia, el sexo y el tiempo.

En 1892, Pujol se presentó ante el público del famoso Moulin Rouge, vestido impecablemente con un abrigo rojo, pantalones de satén negro y guantes blancos, y anunció: "Damas y caballeros, tengo el honor de presentar una sesión de Petomanie. La palabra Petomanie significa alguien que puede tirarse pedos a voluntad, pero no se preocupe por su nariz. Mis padres se arruinaron oliendo mi recto. "

Le Petomane comenzaba dirigiéndose a los jóvenes, imitando a una novia en su noche de bodas (con un pedo muy pequeño). Un pedo largo de diez segundos reproducía el sonido de una costurera rasgando dos metros de tela. Por lo tanto, con todas sus fuerzas, hizo estallar una en forma de un disparo de cañón.

"La gente se retorcía literalmente", escribió un periodista, "Las mujeres, metidas en sus corsés, eran sacadas por enfermeras que el astuto gerente tenía en el vestíbulo". Afortunadamente, el olor no era una de las preocupaciones de las enfermeras. Le Petomane ha mantenido sus pedos completamente sin olor sometiéndose a un enema antes de cada espectáculo.

Los biógrafos Jean Nohain y F. Caradec cuentan la historia de la vida de Le Petomane en el libro de 1967, Le Petomane 1857-1945. Como describe el libro, Pujol descubrió su talento inusual de niño durante un viaje anual de familia a la playa. Mientras jugaba bajo el agua y aguantaba la respiración, el niño experimentó de repente una sensación de frío en el estómago. Alarmado por esta extraña sensación, huyó a un lugar privado para investigar. Casi dos litros de agua comenzaron a salir de su trasero. Después de este géiser gastrointestinal visitó a un médico, que se limitó a reír y le aconsejó mantenerse alejado del mar. Pujol no pensó más en el evento, al menos por un tiempo.

Años después, contando el incidente en la playa a sus amigos, Pujol fue invitado a ver si aún podía crear una magia acuática similar con su trasero. Y podía. Emocionado por la reacción de sus amigos, Pujol comenzó a cultivar su talento practicando con el aire en lugar de con el agua. Pronto podría haber aspirado el aire y soplado a placer en forma de un buen pedo limpio. Su hijo, en una biografía reproducida en el libro Le Petomane, describió el proceso como una "verdadera fantasía del pedo".

Pujol adoptó el nombre Le Petomane y compartió su regalo con el público alquilando un escenario en su ciudad natal de Marsella. Rápidamente se convirtió en una sensación local. El boca a boca resultó ser más que suficiente en su ascenso a la fama, y él no necesitó ninguna publicidad. En poco tiempo actuó en otras ciudades de provincia y obtuvo un éxito similar. Le Petomane estaba listo para el gran momento, así que llenó de gas y se dirigió a París.

A principios del año 1890, el Moulin Rouge se hizo famoso con su animado cabaret, los espectáculos de Cancan de alto ritmo y actores famosos, como Sarah Bernhardt. Pero cuando Le Petomane llegó al teatro y se encontró con el director Charles Zidler, se presentó como el último "fenómeno" de París. Se haría famoso, aseguró a Zidler, por toda la ciudad. La curiosidad de Zidler despertó. "¿Cuál es exactamente tu especialidad?" preguntó. Según un artículo de los archivos del Moulin Rouge, la conversación fue como sigue:

Le Petomane: Verá, señor, tengo un ano que funciona como un dispositivo de succión. En otras palabras, mi ano es tan elástico que puedo abrirlo y cerrarlo a voluntad.

Zidler: *¿Entonces?*

Le Petomane: *Entonces, monsieur, a través de esta afortunada apertura, puedo extraer cualquier cantidad de líquido que me sea dado.*

Así que Zidler le ofreció una gran bañera de agua a Le Petomane. Pujol vino preparado con un agujero en su ropa interior y rápidamente succionó el agua de la bañera y lo hizo caer dentro.

Entonces Le Petomane continuó su demostración:

Le Petomane: *¡No es todo! Después de un enema como este, puedo expulsar continuamente gases sin olor. El secreto de mi acto está en las diferentes cualidades de sonido que puedo producir.*

Zidler: *¡Entonces canta por detrás!*

Le Petomane: *¡Sí, monsieur, tenor, uno! ¡Barítono, dos! ¡Bajos, tres! ¡Contralto, cuatro! Soprano, cinco! Ahora, un cantante, ¡aquí!*

Zidler: *Y mi suegra, ¿puedes imitarla?*

Le Petomane: *¡Aqui tienes!*

(Se oye un ruido ensordecedor.)

Zidler: (riéndose hasta las lágrimas) *Está contratado. Comienza esta noche.*

Zidler no se dio cuenta de que Le Petomane se convertiría en el acto más rentable del Moulin Rouge. Sus actuaciones produjeron 20.000 francos por espectáculo, más del doble de los de Bernhardt.

Además de sus imitaciones, Le Petomane también hizo otras acrobacias en el escenario. El innovador Pujol insertaba un tubo de goma en su culo y un cigarrillo en el otro extremo, que fumaba contrayendo los músculos anales para atraer el humo dentro y fuera. Despúes de apagar el cigarrillo, el maestro se transformaba en un flautista de flatulencia. Al conectar el instrumento al tubo podía tocar canciones como "Le Roid Dagobett" y "La Marseillaise". Para completar su repertorio rectal y para terminar su espectáculo de manera dramática, Pujol demostraba su verdadero poder pulmonar trasero apagando una vela desde un metro de distancia, y luego apagando una a una las luces de gas del escenario.

Una vez más, como en Marsella, Pujol se había vuelto tan popular que era hora de encontrar un nuevo público para apreciar su virtuosismo. Le Petomane se despidió del Moulin Rouge y atravesó Europa y el norte de África. Cuando Pujol regresó, se había acostumbrado a su independencia y decidió abrir su teatro de variedades. El Moulin Rouge, furioso por su repentina despedida, acogió un acto competitivo: La Femme Petomane, llamada Mademoiselle Thiebeau. La idea de que otro "pedorreador" pudiera reemplazar a Pujol era absurda, y fue descubierta inmediatamente como un fraude.

En 1914, al comienzo de la Primera Guerra Mundial, Le Petomane se retiró del teatro y en cambio dirigió una panadería en Marsella, luego una fábrica de galletas en Toulon. Murió en 1945 a la edad de 88 años. Pero incluso en los últimos años continuó practicando su higiene anal. "Cada mañana después de evacuar se hacía un enema usando unos dos litros de agua caliente", escribió su hijo, "y por lo tanto siempre fue meticulosamente limpio".

A diferencia de otros pedos, que sólo existen por un breve período apestoso antes de disolverse en la nada, los de Pujol se han vuelto inmortales. Además del libro Nohain y Caradec, Le Petomane es también objeto de varias películas: una película biográfica de 1979 titulada Le Petomane, con Leonard Rossiter; una película italiana de 1983 titulada Il Petomaney el documental de 1998, Le Petomane: Fin de Siècle Fartiste.

Le Petomane no querían ser malinterpretado, así que hay sólo unos segundos de película que representan su acto. Por desgracia, todos están sin sonido.

Ahora que sabes que tus pedos siempre pueden ser un plan B para tu carrera, podrías estar aún más fascinado. Es por eso que, después de entretenerte un poco, ahora volvemos a nosotros. ¿Qué deberías saber sobre los pedos?

Todo lo que necesitas saber sobre los pedos

"¡Ay, Mi culo arde como el fuego! ¿Qué significa eso? ¿Quizás la mierda quiere salir? Si, si, Mierda te reconozco, te veo, te oigo...Y... ¿Qué es eso? ¿Es posible? Mi oído, ¿no me engañas? No, es exactamente así. ¡Qué sonido tan largo y triste!"

Wolfgang Amadeus Mozart

¿Qué significa la flatulencia? ¿De donde viene? La palabra "flatulencia" deriva de flato, del latín flatus = "soplo", palabra en la que se puede reconocer la raíz indoeuropea que indica un rejuvenecimiento o un relleno. Este término no se utiliza normalmente en la lengua hablada, en su lugar se utilizan términos populares, dialectales o vulgares. No se debe confundir con el meteorismo, lo que indica una condición meica por la que los gases no se evacuan y luego se remontan en el tracto gastrointestinal, causando varios problemas, incluyendo hinchazón en el abdomen.

El término más común - pedos, y sus variantes regionales, vienen de la expresión coloquial del acto de " tirarse pedos". Este término deriva a su vez del acto de "soltar" la corrección, que en latín se expresa mediante el término corium = cuero, término antiguo para indicar el cinturón de los pantalones, destinado a indicar la salida de los gases; existe también una segunda hipótesis, según el cual el término deriva del griego, kor-kor-y-ghe, una antigua onomatopea, destinada a indicar el gorgoteo, o incluso el ruido de los gases intestinales.

La palabra "pedo", parece derivar del latín peditum, del verbo pedo, a su vez del proto-Itálico *pezdō ("petar"), de la raíz común proto-indo-europea *pesd-, que parece ser una onomatopédica.

2.1 ¿Por qué nos tiramos un pedo?

"No olvidemos que Romeo y Julieta a veces se tiraban pedos y se rascaban el culo."

Carles Simic

La flatulencia, también conocida como pedo, es un fenómeno que todos experimentan. De hecho, todos liberan gases formados por la digestión de los alimentos ingeridos. Este gas habita todo el tracto digestivo, incluyendo estómago, intestino delgado, colon y recto.

Por lo tanto, nos tiramos un pedo por la acumulación de gas en nuestro cuerpo, normalmente por:

- Aire ingerido: tragamos aire durante el día, incluyendo las bebidas complejas o la ingesta de aire mientras masticamos.

- Las bacterias en el intestino delgado: hay varias razones por las que podría producirse un crecimiento excesivo de bacterias, incluyendo diabetes tipo 2, celíaca, enfermedades del hígado y enfermedades inflamatorias intestinales.

- Los carbohidratos ingeridos no se digieren correctamente: sucede que los alimentos no son digeridos por enzimas en el intestino delgado correctamente. Cuando esto sucede, los carbohidratos llegan a nuestro colon, y se convierten de bacterias en gas de hidrógeno y dióxido de carbono.

¿Y dónde va ese gas extra? Una parte es absorbida por el cuerpo, pero si este gas se convierte en mucho, puede causar un fuerte dolor en el estómago y el pecho. Así que el gas se libera por nuestra puerta trasera, no sentimos más dolor, ¡y el dolor lo sentirán los demás, en presencia de nuestros pedos!

2.2 ¿Por qué algunas personas se tiran tantos pedos?

"A la mayoría de la gente le gusta leer su propia letra y oler el olor de sus propios pedos."

W. H. Auden

A veces puedes ver que se te tiras más pedos de lo normal. El aumento de los pedos producidos puede resultar de una respuesta natural de nuestro cuerpo, aunque a veces puede haber una razón médica. Los factores que pueden afectar a la cantidad de pedos incluyen:

- El horario

Ingerir muchos alimentos que producen gas durante el día, podría causar un aumento de la flatulencia por la noche. Además, te tirarás más pedos cuando los músculos de tu intestino se estimulan, como cuando estás a punto de ir al baño. También hacer mucho ejercicio, o una fuerte tos, puede causar una mayor flatulencia.

- El alimento ingerido

Ya sabes, algunos alimentos te hacen ir al baño más a menudo, otros te hacen tirarte tantos pedos, otros causan estreñimiento. Típicamente, alimentos como frijoles, brócoli o afrechos causan una mayor flatulencia, pero no todos los alimentos tendrán el mismo efecto en diferentes personas. Nuestro consejo es, por lo tanto, aprender acerca de tu cuerpo, para que sepas qué alimentos evitar para reducir tus propias flatulencias.

- Gestación

El embarazo es un momento maravilloso en la vida de las mujeres, y sin embargo estas últimas también tienen que soportar cambios no muy agradables, como el aumento de la flatulencia. Esto sucede debido a los cambios hormonales que sufre el cuerpo de la mujer, que causan una disminución de la digestión, y por lo tanto una acumulación de gas en el intestino.

- Menstruación

Los cambios hormonales que ocurren durante el ciclo también pueden causar cambios en las bacterias en el tracto digestivo, y por lo tanto, una mayor flatulencia.

- Condiciones sanitarias

Las enfermedades del sistema digestivo pueden producir más gases. Incluso las operaciones quirúrgicas en el intestino podrían causar una proliferación bacteriana y la posterior producción de más gases intestinales.

2.3 ¿Por qué algunos pedos son silenciosos y otros ruidosos?

"Las mujeres y los pedos huyen aunque no quieras."

Stefano Benini

Todos se tiran pedos. De hecho, una persona se tira un pedo por término medio 14 veces al día con un volumen medio de medio litro de gas al día, afirma Michael Rice, M.D., gastroenterólogo de la University of Michigan Medicine Gastroenterology Clinic.

Es mucho aire. Pero cada pedo que sueltas no es exactamente el mismo. De hecho, algunas son bastante fáciles de esconder, mientras que otras, digamos que puedes oírlas desde la habitación de al lado.

¿Entonces por qué tus pedos hacen ruidos diferentes? ¿Y hay algo que puedas hacer para convertir un pedo ruidoso en un pedo silencioso?

En primer lugar, los pedos dependen de muchas variables, incluyendo lo que comes, bebes y los movimientos de tu cuerpo cuando el gas sale.

"A medida que la comida se digiere, los gases, incluyendo dióxido de carbono, metano e hidrógeno, se acumulan en el intestino y buscan su salida", afirma el doctor Rice.

Los intestinos se contraen y desplazan su contenido, incluyendo el gas, a través del peristaltismo, o mejor dicho, las contracciones que desplazan los residuos a través del tracto digestivo, hacia el ano. Pequeñas burbujas de gas se unen en burbujas de gas más grandes durante el camino a la salida y cuando tu cuerpo libera esos gases, estos originan el pedo.

Los sonidos de tus pedos dependen de las vibraciones producidas cuando el gas sale de tu canal anal, dice el doctor Rice. A pesar de la creencia popular, los ruidos de los pedos no tienen nada que ver con el choque de tus nalgas.

" Los sonidos de los pedos están muy moldeados por su velocidad de expulsión, así como por la forma y las dimensiones del esfínter anal que se abre en el momento del paso ", afirma el doctor Rice.

Lo compara con un instrumento musical: cuanto menor es el tamaño del punto de salida, mayor es el tono y tal vez más estridente será. Cuanto mayor es la apertura, menor es el sonido.

"Probablemente hay muchos factores que determinan el tamaño del ano en general cuando un pedo sale, incluyendo el tono general en reposo del ano y otros factores de comportamiento", afirma el doctor Rice. "Puede manipular el sonido de los pedos relajando y apretando el esfínter anal externo y el diafragma para cambiar el tono, el volumen y la duración de los sonidos."

El esfínter anal se aprieta de forma similar a como lo harías si trataras de retener la caca, y como la abertura sería más estrecha, esto podría conducir a un pedo más crujiente y más corto (es por eso que te gusta el olor de tus propios pedos).

Y también la velocidad de expulsión, o la velocidad con la que el aire sale del cuerpo, juegan un papel importante. Si el aire sale más rápido, es más probable que tu pedo sea más ruidoso.

Por otra parte, si el aire que ingieres dispara tu pedo, como en el caso de la mayoría de los pedos, éstos tienden a ser más ruidosos (pero menos apestosos), afirma el doctor Rice. Si tu pedo es impulsado principalmente por la digestión y la fermentación bacteriana, tenderá a ser más pequeño en volumen y sonido, pero más maloliente.

En la mayoría de los casos, si tu pedo es ruidoso, silencioso o apestoso, no hay nada de qué preocuparse. Pero hay algunas veces en que sus pedos pueden informar de un problema médico.

"Considera la posibilidad de consultar a un médico si los pedos son síntomas asociados a incontinencia fecal, frecuente paso involuntario de gas, molestia abdominal persistente, distensión abdominal o pérdida de sangre", afirma el doctor Rice.

Tu médico puede preguntarte acerca de tu dieta, tus movimientos intestinales, historial médico familiar u otras condiciones médicas y examinarte para determinar si puedes tener una condición médica que requiere una evaluación adicional o tratamiento, como el síndrome del intestino irritable (IBS), colitis ulcerosa, cáncer de colon u otras condiciones gastrointestinales.

2.4 ¿Por qué algunos pedos parecen calientes?

"Así como no hay ensalada sin vinagre, no hay pis sin pedo."

En promedio, cada uno de nosotros se tira pedos de 14 a 23 veces al día. La mayoría de las veces, esto sucede durante el sueño, así que no te das cuenta. Otras veces, en cambio, esto sucede durante el día, y estos pedos son de diferentes tipos: silenciosos, apestosos, ruidosos o incluso dolorosos.

Inclusive puede ocurrir sentir que los propios pedos son "calientes" o una sensación de calor en el trasero en el momento de la expulsión. En realidad, la temperatura de los pedos nunca cambia, pero hay otros factores que causan esta sensación.

¿Qué causa la sensación de pedos calientes?

En promedio, la temperatura de los pedos es siempre la misma. La sensación de que tus pedos son más calientes de lo normal puede ocurrir por varias razones:

- La escasez de pedos

Nadie se quejará nunca de no tirarse pedos lo suficiente. Sin embargo, cuando el promedio de pedos es bajo, las pocas emisiones de gases que se realizan pueden parecer más calientes de lo normal. Como ya hemos visto, la cantidad y el tipo de pedos que realizamos depende en gran parte de nuestro estilo de vida.

En cualquier caso, el promedio de pedos menor puede causar la sensación de calor tan familiar: esto se debe al hecho de que en el pedo, utilizamos un mayor esfuerzo. Al hacer esto, nuestro ano se esfuerza más y por lo tanto causa esta sensación de calor antinatural.

De lo contrario, es decir, si nos tiramos pedos en mayor canitdad, puede que no notemos esta sensación de calor: el gas se liberará con un esfuerzo menor y por lo tanto no causará ningún esfuerzo.

- Disentería

Si estás sufriendo de diarrea, o por lo menos vas al baño muy a menudo, puedes tener un ano irritado, o la piel alrededor de él podría estar un poco sensible. En este caso, entonces, sentirás una sensación de calor, debido al estado mismo de la piel y el ano.

- Comida muy fuerte

Cuando comes comida picante, tus pedos pueden parecer un poco más calientes de lo normal. No hay nada raro, de hecho los alimentos picantes contienen sustancias que pueden causar esta sensación un poco molesta. Por ejemplo, la capsaicina, que le da a la comida esta propiedad picante, podría ser la causa de sus pedos "calientes".

En realidad, los pedos no serán más calientes, pero también en este caso el ano se irritará debido a estas sustancias calientes contenidas en los alimentos ingeridos - y luego expulsado en forma de gas - y por lo tanto causar la sensación de calor.

- Pantalones ajustados

Usar pantalones ajustados puede significar que los pedos permanecerán más cerca de su espalda, y por lo que puede sentir esta sensación de calor.

- Estreñimiento

El estreñimiento es otro de esos factores que puede causar la sensación de pedos más calientes de lo normal. Esto sucede por la misma razón explicada anteriormente, es decir, el esfuerzo que tomas para deshacerse del aire extra causará la sensación de calor tan discutida.

En caso de que tú estés tratando de deshacerte del estreñimiento, tendrás que hacer algunos cambios en tu estilo de vida. Por ejemplo, tendrás que comer más fibra, beber más agua, o hacer más actividad física.

Estas son las principales razones por las que puedes sentir que tus pedos son más calientes de lo normal. ¿Pero qué puedes hacer si esa sensación te molesta y quieres deshacerte de esos pedos?

Cómo eliminar la sensación debido a los pedos calientes

Como dijimos, los pedos no son "más calientes" que otros, al menos por lo general, pero debido a una serie de razones relacionadas con tu estilo de vida, y a lo que sucede dentro de tu cuerpo cuando se deshace del exceso de gas. Veamos qué podemos hacer para evitar este desagradable sentimiento y para ayudarte con cualquier dolor de estómago.

- ¡Fibras, fibras, fibras!

Las fibras son el passpartout para aquellos que están tratando de mejorar el funcionamiento de su sistema gastrointestinal. De hecho, la ingesta de fibras reduce la posibilidad de estreñimiento, y ayuda a regularizar los movimientos intestinales.

Por lo tanto, podríamos decir que las fibras son responsables de todo lo que sale: ¡en forma sólida y gaseosa!

Considera, sin embargo, que algunos alimentos ricos en fibra tendrán el resultado contrario: es decir, causarán un aumento de pedos. En cualquier caso, los pedos no pareceran calientes, así que si estás dispuesto a soportar un poco más de gas, te librarás de la desagradable sensación de calor.

- Viva los probióticos

Los probióticos contienen bacterias que consumirán nutrientes dentro del estómago y los intestinos, como las fibras, y luego liberarán pequeñas partículas de hidrógeno.

Otros probióticos, sin embargo, hacen exactamente lo contrario, es decir, pueden reducir la cantidad de gas dentro de tu cuerpo, y por lo tanto lo que saldrá de tu trasero. Los alimentos que pueden ayudarte en este sentido son el yogur, los pepinillos y la kombucha.

- Utilizar más especias

Las especias pueden ser tus aliados en este sentido, ya que contienen enzimas naturales y productos químicos que pueden ayudar a tu sistema gastrointestinal. Por ejemplo, jengibre, menta y canela pueden calmar tus intestinos, y reducir problemas como la diarrea o irritación de la piel.

- Menos carbohidratos

Tu estómago no puede procesar todos los alimentos que tomas. Por ejemplo, los alimentos que contienen fibras insolubles son demasiado complejos para nuestro estómago, por lo que no puede descomponerlos. A pesar de esto, nuestro estómago siempre lo intenta, y al hacerlo, crea gases que se acumulan en el tracto gastrointestinal. Esto resulta en una mayor cantidad de pedos producidos.

Esto no significa que tengas que dejar de comer todo tipo de carbohidratos: ¡Al contrario! Muchos alimentos saludables contienen no pocos carbohidratos. Piensa en frutas y verduras como manzanas, frijoles, coles y cebollas. Así que en lugar de eliminar todas las fuentes de carbohidratos, trata en lugar de elegir los mejores tipos de carbohidratos y limita tu consumo de carbohidratos "malos".

La química de los pedos

"Quien juzga de vientre confunde el meteorismo con la voz del instinto."

Sosio Giordano

Los pedos son a menudo considerados divertidos o embarazosos, y sin duda lo son, pero también son fundamentales para nuestra salud.

Los olores desagradables de los pedos son un inconveniente menor si se considera el riesgo de explosión que podría representar una acumulación de gas no liberado. Los carbohidratos complejos como las fibras de nuestros alimentos que pasan sin digerir a través de nuestro intestino delgado podrían convertirse en más de 13 litros de hidrógeno altamente inflamable por día.

Es sorprendente que este peligro potencial no se presente más ampliamente y quizás más sorprendente que los médicos y los científicos intenten usarlo para diagnosticar enfermedades.

¡Seguramente no podemos producir tanto hidrógeno o nos iríamos todos con el viento! Entonces, ¿qué pasa? ¡Las bacterias intestinales corren a nuestro rescate!

Las bacterias intestinales mastican el hidrógeno, afortunadamente para todos nosotros. Hasta dos kilogramos de microorganismos habitan nuestro colon, fermentando los aproximadamente 40 g de carbohidratos complejos cada día. Las bacterias del colon pueden producir aproximadamente un tercio de litro de hidrógeno por gramo de carbohidratos, lo que equivale a más de 13 litros por día. Pero la masa microbiana es en realidad una refinería que convierte los alimentos parcialmente digeridos en sustancias que a menudo afectan a nuestra salud, donde el hidrógeno producido por las bacterias Firmicutes también es una materia prima.

Por ejemplo, algunas bacterias hacen reaccionar el hidrógeno con iones sulfato y producen gas sulfuro de hidrógeno, que no sólo tiene un olor bastante desagradable, sino es en sí mismo inflamable. Los microbios de Archaea también pueden bajar el nivel de inflamabilidad haciendo reaccionar cuatro moléculas de hidrógeno con una de dióxido de carbono para formar una de metano y dos de agua.

Entonces, después de toda esta química, ¿qué gases hay en nuestros pedos y en qué cantidad?

La mayoría de los gases que liberamos de nuestras entrañas son sin olor, hasta un cuarto es simplemente oxígeno y nitrógeno del aire ingerido. Aunque - como habrás oído - los pedos difieren considerablemente de persona a persona, alrededor de tres cuartos son dióxido de carbono, hidrógeno y metano producidos por nuestra flora intestinal. Según el gastroenterólogo Michael Levitt de Minneapolis Veterans 'Affairs Medical Center en los Estados Unidos, sólo un tercio de nosotros posee una flora que genera metano. Desde los años 70, Levitt ha abierto el camino a la determinación de la composición de los gases intestinales, a veces insertando tubos en los rectos de los pacientes para recoger sus pedos.

En 1998, el equipo de Levitt utilizó tubos rectales para un estudio detallado de la composición de los pedos en seis mujeres sanas y 10 hombres sanos durante cuatro horas. El gas total liberado por los sujetos oscilaba entre 106 ml y 1657 ml, pero sólo cuatro liberaron metano, y el mayor pedo produjo más de medio litro de hidrógeno. Y las mediciones del equipo de Levitt sugieren que incluso los componentes malolientes no consumen mucho hidrógeno.

Juntos, el sulfuro de hidrógeno, el metanol, que huele a col podrida, y el sulfuro de dimetilo, similar al ajo, en promedio eran sólo 50 ppm de cada pedo.

Entonces, ¿cuántos pedos son?

"Soy un profesional, nunca llego tarde... y trato de tener bajo control la flatulencia."

Donald Surtherland

En cuatro horas, los 16 sujetos se tiraron un pedo de tres a nueve veces, con un volumen medio de 100 ml por pedo. Esa frecuencia encaja perfectamente en la gama que Rosemary Stanton y Terry Bolin de la Universidad de New South Wales en Australia vieron en personas sanas, incluso en 1998.

Stanton explica que estudiaron los pedos porque "descubrieron que las personas evitaban muchos alimentos que contenían fibras porque creían que la flatulencia era un signo de mala digestión". Luego pidieron a 60 hombres y 60 mujeres que contaran sus pedos y monitorearan la ingesta de alimentos. Los hombres se tiraban pedos de dos a 53 veces al día, con una media de 12,7, mientras que las mujeres se tiraban pedos de una a 32 veces al día, con una media de 7,1 veces. El número de pedos era más alto cuando las personas comían más fibras. El estudio muestra que tirarse pedos es normal, dice Stanton. "Espero que esto se haya traducido en el hecho de que la gente está lista para comer más alimentos ricos en fibra dietética."

¿Cómo pueden los gases producidos en nuestros intestinos revelar algo sobre nuestra salud?

"Durante una entrevista me preguntaron cuál es mi peor defecto y respondí 'la flatulencia'. Es por eso que tengo mi propia oficina."

Dan Thompson

Hay evidencia de que los desequilibrios de los microbios intestinales relacionados con el síndrome del intestino irritable (IBS) y otras enfermedades causan cambios en los niveles de hidrógeno y metano, afirma Ben de Lacy Costello de la Universidad de Inglaterra Occidental, en el Reino Unido. Es posible que el metano contribuya al estreñimiento, ya que parece inhibir las contracciones musculares intestinales conocidas como peristalsis.

Del mismo modo, el sulfuro de hidrógeno puede sofocar la contracción muscular y está relacionado con el daño a las paredes intestinales y tal vez incluso a la enfermedad inflamatoria intestinal y el cáncer de colon. Sin embargo, hay preguntas sobre la utilidad de la prueba porque muchas personas producen mucho hidrógeno y metano por una serie de razones difíciles de identificar. Y Levitt dice que no cree que la producción de metano tenga nada que ver con el intestino irritable.

Como resultado, De Lacy Costello y sus colegas fueron más allá de los gases más comunes para estudiar los compuestos volátiles liberados por las heces en concentraciones muy bajas. Inicialmente, imitaron las condiciones en el intestino grueso mediante la mezcla de heces y medio nutritivo en un recipiente. Han absorbido sustancias volátiles sobre fibras de plástico por encima de la mezcla, para ser analizadas mediante cromatografía de gases acoplada con espectrometría de masas. El equipo encontró 297 compuestos, incluyendo compuestos volátiles de azufre, y moléculas como el indol y el skatole, que a menudo están relacionados con el olor de las heces. También encontraron otros compuestos de olor más agradable, incluyendo alfa y beta-pineno y limoneno. Los modelos de estos compuestos diferían entre las personas sanas y aquellas con colitis ulcerosa o infecciones que causan diarrea.

¡¿Pineno y el limoneno?! ¿Entonces por qué tus pedos no huelen a pino y limón?

Incluso en concentraciones muy bajas, compuestos como el indol, el skatole y los compuestos de azufre dominan el olor de otros compuestos.

¿Cuál es la mejor manera de controlar los pedos?

"Estamos aquí en la tierra para ir por ahí tirándonos pedos. No dejes que nadie te diga algo diferente."

Kurt Vonnegut Jr.

"No los retengas demasiado tiempo - esto produce dolor en las personas susceptibles ", dice Stanton. " Evitar las fibras puede reducir la producción de gas, pero las fibras son importantes por muchas razones: reducen el riesgo de cáncer colorrectal, hemorroides y divertículos. Las fibras solubles en la avena y en muchas frutas y verduras favorecen el crecimiento de bacterias "buenas" en el colon. Por lo tanto, las bacterias producen ácidos grasos de cadena corta que son absorbidos por el colon y ayudan a reducir el colesterol sérico y los niveles de glucosa en la sangre. "

Así que mientras los pedos no te estén causando dolor físico, tú y los que te rodean pueden tener que aprender a poner la otra mejilla.

¿Cómo puedo dejar de tirarme tantos pedos?

"Hay más talento en el más pequeña de mis pedos que en todo tu cuerpo.

[Dirigiéndose a Barbra Streisand]."

Walter Matthau

Tirarse pedos puede ser una fuente de vergüenza para algunos, pero es una consecuencia normal de la digestión. A pesar de lo que se diga, es algo que hace todo el mundo, y es una señal de que el sistema digestivo está funcionando correctamente.

Es normal que se liberen los gases en exceso, y si no lo fueran, esto causaría graves problemas de salud y dolores insoportables.

Como se mencionó anteriormente, todos nos tiramos pedos de 5 a 15 veces al día. ¿Parece mucho? ¡No lo es! La mayoría de las veces sucede por la noche, y muchas otras veces los pedos son silenciosos, así que ni siquiera nos damos cuenta.

Debes saber, que si sientes que te estás tirando pedos constantemente, es probablemente porque eres consciente de tus propios pedos, a diferencia de la mayoría de la gente. Es normal eliminar de 0,5 a 1,5 litros de gas al día.

Tirarse pedos continuamente no debería ser algo de lo que preocuparse. Es cierto que algunas personas lo hacen más que otras, pero esto no significa mucho sobre el nivel de salud de la persona.

Sin embargo, si una persona siente que sus propios pedos se están volviendo incontrolables, y por lo tanto se siente especialmente avergonzado e incómodo, hay algunas cosas que puede tratar de reducir la cantidad de viento no deseado. Veamos cuales.

- Bebe agua

Lo has entendido bien. El simple acto de beber agua ayuda mucho en el funcionamiento intestinal, y por lo tanto ayuda contra el exceso de gas, ya que estar constipados puede causar más gases. En cuanto a la cantidad de agua para beber, esto varía de persona a persona, porque alguien que practica deportes, por ejemplo, tendrá que beber más agua. Lo ideal es ingerir de 30 a 40 ml por kilo, es decir, si pesas 50 kg, por ejemplo, deberías ingerir entre 1,5 y 2 litros al día.

- Come lentamente y sin hablar

¿Te gusta comer mientras ves la tele o deslizas los dedos en la pantalla del teléfono? ¿Te gusta chatear con tus amigos mientras masticas? Debes saber que esto interfiere con tu digestión. Cuando se come muy rápido, debido al estrés o la ansiedad, por ejemplo, el aire puede entrar en el cuerpo en cantidades excesivas, lo que provoca la formación de gas. Además, la ingestión de aire durante las comidas deja el vientre hinchado y favorece un aumento del eructo.

- Come alimentos fáciles de digerir

Algunos alimentos, principalmente carbohidratos, proteínas y grasas, tienen una digestión ligeramente más lenta y aumentan la fermentación a nivel intestinal, con formación de gases. Los principales alimentos responsables del exceso de gas intestinal son:

- Coles, brocoli, coliflores, maíz, leche;

- Garbanzos, guisantes, lentejas, patatas;

- Judías, batata, yogur, huevos, salvado de trigo;

- bebidas gaseosas, cerveza, cebollas, espárragos.

La combinación de alimentos ricos en fibra con alimentos que contienen muchas grasas también favorece la formación de gas, por lo que debe evitar comer pan integral con queso cheddar, por ejemplo.

Sin embargo, un alimento que puede causar gas en un individuo puede no causar a otro, y por lo tanto, si notas la aparición de gas, trata de recordar cuál era el alimento que lo causó y evítalo.

- No tomes antiácidos ni antibióticos

El uso de antiácidos y antibióticos puede alterar la flora intestinal y, por lo tanto, el proceso de fermentación de los microorganismos. Y entonces hay una mayor producción de gases intestinales.

- Práctica de la actividad física

La falta de actividad física ralentiza el proceso de digestión, aumentando la fermentación de los alimentos. Además, las personas sedentarias tienden a sufrir de estreñimiento, que también favorece la formación de gases intestinales debido a las heces que permanecen en el intestino más tiempo.

- Evita beber bebidas gaseosas

Las bebidas gaseosas hacen que sea más fácil tragar más aire, por lo que eliminar las bebidas gaseosas puede mejorar considerablemente la necesidad de eliminar el gas en exceso.

- Trata de ir al baño a menudo

Si las heces permanecen en el intestino más tiempo, aumentan la fermentación y dificultan la fuga de gas, por lo que se recomienda poner fin al estreñimiento mediante cambios en la dieta.

- Masajea tu barriga

¿Sabes cuándo un niño tiene cólicos o gases y sus padres le dan masajes en la barriga? Bueno, el masaje abdominal puede ayudar mucho a eliminar los gases, incluso para los adultos. Sólo tienes que respetar la ruta del gas a través del intestino grueso, haciendo movimientos en el sentido de las agujas del reloj. Ayuda en la eliminación de gases y en la lucha contra el estreñimiento.

- Chicle o goma de mascar

Como se mencionó anteriormente, hablar y "tragar" aumenta la producción de gas. Por lo tanto cuando masticas un chicle, ingieres aire todo el tiempo. Además, también hace daño al estómago porque el órgano entiende que viene comida, aunque en realidad no existe. Por esta razón, produce más jugo gástrico, que puede dañar a aquellos que tienen problemas como la gastritis.

- Consume jengibre

Además de tener propiedades antiinflamatorias y antioxidantes, el jengibre estimula también el vaciado gástrico, favoreciendo la digestión y la hinchazón del tracto digestivo superior. Lo utilizan mucho con las personas que sufren de dispepsia (indigestión crónica), que causa molestias en la parte superior del estómago. Además, evita que las heces permanezcan en el intestino. ¿Cómo consumir el jengibre? Puedes tomarlo en cápsulas puede ser una buena idea para una mejor absorción, pero rallarlo y ponerlo en la ensalada y/o preparar un té también son opciones válidas. Recordando que todo en exceso puede ser negativo.

- Tomar probióticos

Los probióticos son bacterias que tienen el objetivo de reequilibrar la flora intestinal, garantizando un buen funcionamiento de la misma. Los probióticos se encuentran en los alimentos elaborados con leche y fermentados, como el yogur. Además, se pueden tomar como suplementos, pero siempre bajo consejo médico.

- Consume menos legumbres

Frijoles, garbanzos, soja, lentejas: las legumbres son conocidas por causar flatulencia. Al tratarse de alimentos sanos, lo ideal es mantenerlos en la rutina alimentaria, pero siempre dejando estos alimentos durante unas 12 horas en remojo en agua. De esta manera se eliminan los fitatos, un inhibidor enzimático que obstaculiza el proceso digestivo.

4.1 Resuelve tus problemas de estreñimiento

Puedes sufrir de estreñimiento debido a un exceso de gas en el intestino. De hecho, cuando las heces permanecen demasiado tiempo en el colon, siguen fermentando en el cuerpo y por lo tanto producen gas que tendrá que salir de alguna parte, y olerá muy mal.

En cuanto a los tratamientos, existen varios. Comienza por beber mucha agua e ingerir fibras: dos de las cosas que funcionan mejor en estos casos.

También puedes intentar usar medicamentos y emolientes, que puedes encontrar en la farmacia o en línea.

Aquí hay algunas sugerencias que pueden ser útiles

ω Come comidas pequeñas y frecuentes

ω Mastica lento y largo

ω Haz ejercicio regularmente

ω Asegúrate de que tu dieta es regular y saludable

ω Prueba beber te de menta, que puede ayudarte a digerir y a calmar el estómago

ω Nada de fumar, goma de mascar, ni dulces

ω No llevar ropa ajustada

ω Evita los alimentos que son difíciles de digerir

Si una persona se encuentra en dificultad porque sus pedos son demasiados (o demasiado olorosos) puede - y probablemente debe - consultar a un farmacéutico o a un médico. Estos podrían recomendar soluciones diferentes: Por ejemplo, ¿sabías que hay ropa interior y tampones especiales que absorben el olor?

Prevenir el aumento de gas puede ser simplemente una cuestión de dieta. Por ejemplo, si crees que eres intolerante a los productos lácteos, claramente querrás evitar los alimentos que contienen esta sustancia.

Como ya hemos dicho, evita las bebidas gaseosas, la goma de mascar, come porciones pequeñas y reemplaza los alimentos ricos en fibras difíciles de digerir por alimentos muy digestibles y ligeros.

¿Cuándo tienes que preocuparte por tus pedos?

"Trompeta de culo, salud de cuerpo."

Si te tiras más pedos que el promedio - que como dijimos es 15 pedos al día - entonces podrías estar tirándote pedos excesivamente. Si este es el caso, debes ir a tu médico, e investigar si tienes problemas gastrointestinales.

Esto es especialmente importante si sufres de dolores causados por calambres, hinchazón, o síntomas similares.

Considera que condiciones como el síndrome del intestino irritable, la enfermedad de Crohn,

la celiaquía, la intolerancia a la lactosa y las
úlceras pépticas están todas asociadas con la
flatulencia excesiva.

Cómo tirarse pedos al maximo

"Estamos aquí en la tierra para ir por ahí tirándonos pedos. No dejes que nadie te diga algo diferente."

Kurt Vonnegut Jr.

¿Por qué alguien querría tirarse más pedos? ¿Dices tú? ¡Muy simple! Porque los pedos son divertidos, pueden ser una forma única de ganar una discusión, o un método eficaz para alejar a alguien que te está molestando. O quizás quieres hacer un pequeño espectáculo para tus amigos, o estás pensando en empezar una carrera como la de Le Petomane. Cualquiera que sea la razón, tirarse más pedos y mejor ciertamente es posible.

Claramente, el método más rápido y eficaz para tirarse pedos a lo grande es a través de la dieta. En general, frijoles, cereales ricos en fibra, frutas y la mayoría de las verduras (principalmente coliflores y brócoli) funcionan para la mayoría de las personas. Los resultados más espectaculares se obtienen a menudo en la primera semana de cambio a una dieta vegetariana de una dieta a base de carne.

Más tarde, los resultados disminuyen a medida que su cuerpo se acostumbra a la nueva dieta. Pero durante esa primera semana, puedes esperar para producir grandes cantidades de gas, lo que resulta en un impresionante número de más de 100 pedos al día.

Hay dos tipos de alimentos cuando se trata de pedos al máximo: los que te ayudarán con el volumen, y los que te ayudarán con el olor.

Los primeros te ayudarán a aumentar la cantidad de gas producido. Demasiado y te dolerá el estómago. No lo suficiente y no serás capaz de soportar la presión necesaria para un buen pedo largo. ¿Y qué hay de la alegría y la satisfacción auditiva de tus espectadores?

A su vez, cuanto más fuerte es el olor, más probable es que los que te rodean sufran por el olor de los pedos. Esto es lo que le dará satisfacción olfativa y satisfacción nasal.

Ten en cuenta que debido a las diferencias individuales en la química del cuerpo (enzimas digestivas, bacterias, etc.), estos alimentos pueden no funcionar de la misma manera para todos. Experimenta para poner a punto lo que funciona mejor para tu fisiología.

Aquí está una lista de los mejores alimentos para alimentar sus pedos:

- ω   Manzanas

- ω   Albaricoque

- ω   Frijoles

- ω   Salvado

- ω   Brocoli

- ω   Coles de Bruselas

- ω   Col

- ω   Zanahorias

- ω   Coliflor

- ω   Productos lácteos

- ω   Berenjenas

- ω   Cacahuetes

- ω   Cebollas

- ω   Melocotones

- ω   Peras

- ω   Palomitas de maíz

- ω   Ciruelas

ω   Pasas

ω   Semillas de soya

ω   Atún

¡El azufre es la salsa secreta!

"Sabía cómo apreciar un buen pedo, que fuese mío o de cualquier otra persona."

Bill Bryson

Una pequeña lección de química. El gas que hace que los pedos sean muy desagradables es el sulfuro de hidrógeno (H2S). El sulfuro de hidrógeno se conoce como el gas del huevo podrido. Nuestros cuerpos crearán más que de este gas cuando mezclemos alimentos con alto contenido de azufre con alimentos ricos en hidrógeno, ya que estos alimentos proporcionan el ingrediente crudo para formar H2S.

Dado que los alimentos con alto contenido de azufre son lo que proporcionan el ingrediente clave, vale la pena saber cuáles son.

-   La carne es una de las mejores fuentes de azufre, ya que uno de los ingredientes clave de los aminoácidos en la carne es el azufre. Pollo, pavo, carne de res, cerdo, conejo, la mayoría de los peces y la cabra, son todas fuentes de carne muy ricas en azufre.

- Los huevos son una buena fuente de azufre. Los huevos de gallina, especialmente las yemas, son ricas en azufre.

- El grupo de alimentos del género Allium incluye condimentos como cebollinos, cebollas, ajos, puerros y chalotes. Estos alimentos contienen compuestos como sulfuros alílicos y sulfóxidos, ¡lo que los convierte en una de las mejores fuentes de azufre!

- Las verduras contienen glucosinolatos que son nutritivos ricos en azufre. Las alubias de edamame son las más ricas en azufre. Las verduras con alto contenido de azufre son frijoles, guisantes, maíz dulce, espinacas, brécoles, coliflores, repollos, brotes de bambú, espárragos, nabos, berenjenas y lechugas.

- El aguacate es el fruto (¡sí, es un fruto, no un vegetal!) Con el mayor contenido de azufre, seguido del kiwi, plátanos, piñas y fresas. Las toronjas, los melones, las uvas, los melocotones y las naranjas también son ricos en azufre.

- Otros alimentos con alto contenido de azufre incluyen chocolate, leche, productos lácteos, té, café, cereales, anacardos, semillas de sésamo, pistachos, cacahuetes y otros frutos secos.

Ahora, si no quieres cambiar radicalmente tus hábitos alimenticios, aquí están algunas recetas que te ayudarán a realizar el pedo ideal.

Receta no.1

Ingredientes:

ω Huevos enteros (ideal en cuanto al volumen es la parte blanca, pero si quieres conseguir un olor realmente asqueroso, escoge huevos enteros. El azufre de las yemas hará toda la diferencia).

ω Frijoles pintos

ω Arroz

ω Tortilla integral

ω   Leche de soya

Instrucciones:

Freír el contenido de al menos tres huevos, mezclar con una lata de frijoles pintos y un poco de arroz, luego envolver en una tortilla integral y tragar todo con un gran vaso de leche de soya.

¡Espera un par de horas y verás qué concierto!

Receta no. 2

Ingredientes:

ω   Proteínas de vainilla en polvo mezcladas con leche caliente.

ω   4-6 rebanadas de pan integral

Esta receta es muy rápida y fácil de crear. No te dejes engañar por su elegante simplicidad, para algunas personas podría ser el principio del fin.

Receta no. 3

Ingredientes:

ω   Batido de proteínas (cualquier sabor, mezclado con leche) ω Frijoles al horno, repollo al vapor, brócoli y coles de Bruselas.

Aunque sea rápido de preparar, no subestimes la furia que esta pequeña belleza puede liberar en tus entrañas.

Receta no. 4

Ingredientes:

ω Frijoles al horno

ω Brocoli

ω Ajo

ω Huevo

ω Barrita de proteínas (los alcoholes azucarados contenidos en el interior proporcionarán ese algo más) o batido de proteínas con leche.

Este es un lobo disfrazado de cordero. No parece mucho, pero hay una verdadera bestia acechando bajo la superficie, esperando a que liberes su hedor con tus jugos digestivos.

Receta no. 5

Ingredientes:

- ω Coles de Bruselas
- ω Repollo
- ω Carne de res con setas
- ω 3 gramos de azufre en polvo o comprimidos

Una vez más, no dejen que la simplicidad se confunda con la ineficacia.

Receta no. 6

Ingredientes:

- ω glucosa
- ω regaliz en polvo
- ω Suero de leche en polvo
- ω 3 gramos de polvo de azufre
- ω Un vaso de leche caliente

Procede con cuidado. Basta con hacer una pequeña liberación de prueba antes de intentar una gran explosión. ¡No digas que no te lo advertí! Si todo va bien la primera vez, para añadir aventura y emoción, la próxima vez puedes aumentar la cantidad a dos porciones (dos vasos).

Algunos consejos utiles

- La goma de mascar es una buena manera de mejorar tu habilidad para tirarte pedos porque anima el sistema digestivo y te hace tragar más aire de lo normal.

- De los tres principales nutrientes (proteínas, carbohidratos, grasas), los carbohidratos producen la mayor parte de los gases, ya que el almidón y el azúcar fermentan fácilmente. Alrededor del 50% de la población está equipada con bacterias que prefieren en particular masticar carbohidratos no transformados. Como ya sabes, los frijoles contienen más carbohidratos indigeribles que la mayoría de los alimentos.

- Muchos alimentos diarios se consideran "indigestos" - la leche se considera uno de ellos para las personas intolerantes a la lactosa. La intolerancia a la lactosa significa que el cuerpo no puede digerir el azúcar de la leche, por lo que lo deja de lado como un residuo. Si eres intolerante a la lactosa y tienes muchas "enzimas gaseosas" en tu sistema digestivo, la leche será un combustible fantástico para tus gases.

-   Debido a las diferencias en la composición de la fauna intestinal de cada persona; las personas no reaccionan necesariamente de forma similar a los mismos alimentos. Por ejemplo, 2 personas pueden consumir una comida rica en carbohidratos indigeribles y una de ellas puede desarrollar gases. Esto se debe a que su tracto intestinal contiene más enzimas. Esto explica por qué una persona puede afirmar que las manzanas o las cebollas causan pedos, mientras que otras afirman que no se ven afectadas. Depende del tipo y cantidad de bacterias en el intestino grueso.

5.1 Las posiciones tácticas para tirarse pedos

"No se pueden tirar pedos sin cambiar el equilibrio del universo."

Philip K. Dick

Ahora, vamos a aprender algo más, que se puede combinar con las enseñanzas del capítulo anterior. Estas posiciones son prestadas por el yoga, pero en nuestro caso, serán útiles para deshacerse de aire molesto, o para crear el pedo primordial: el pedo del destino, si lo deseas.

¡Nadie podrá acercarse a ti... apenas podrán mantenerse lejos!

A través de esta técnica, serás capaz de tirarte pedos a control. Y para obtener mejores resultados, prepara una de las recetas citadas en el capítulo anterior.

Aunque la primera parte del libro es mucho más simple que lo que estás a punto de aprender, estas técnicas te ayudarán a soltar pedos dignos de un maestro del pedo, de un rey del gas, de un profeta del aire. Tus pedos serán ruidosos, largos, y sobre todo, disponibles sin demasiado esfuerzo.

¡No volverás a aburrirte! Puede que te sientas avergonzado, pero no aburrido. Además, tendrás algo único para entretener a tus amigos.

Veamos entonces cómo aprender estas técnicas simples. En la práctica del yoga, las posiciones o posturas son conocidas como Asana.

Mientras te encuentres en una de estas posiciones, trata de relajar los músculos alrededor del abdomen y las nalgas. Cuando lo hagas correctamente, sentirás un flujo de aire pequeño y constante entrar en tu trasero. Retener la nariz y la respiración al mismo tiempo hará que el aire entre más rápido. También usar tu mano libre para separar una de las nalgas te ayudará mucho.

Después de unos segundos de "inhalación" de esta manera, tu cuerpo tendrá el impulso de expulsar el aire, y te tirarás pedos.

No te desanimes, porque esta técnica requiere práctica. La mayoría de la gente al principio no puede. ¡Pero no te rindas! ¡La gente que domina esta técnica puede sacar los pedos más escandalosamente largos y ruidosos que hayas escuchado! Estoy hablando de 30 a 90 segundos y más.

A medida que tu habilidad se desarrolle y entiendas cómo llevar a cabo la técnica, ya no tendrás que entrar en las vistosas posiciones de aprendizaje que estás a punto de aprender. Entraras en modo "invisible" y serás capaz de tirarte pedos cuando estés sentado o de pie, ¡y serás capaz de sorprender a la gente en cualquier lugar, en cualquier momento!

Y en esta etapa puedes llevar tus habilidades al siguiente nivel combinando los alimentos que has aprendido en la primera parte con la técnica física que aprenderás en este capítulo.

¿Cuáles son las mejores posiciones?

"Il pisso sensa il peto l'è come sonar il violino sensa l'archeto."

El yoga no es una actividad mística, espiritual o paranormal que libera las energías bloqueadas, simplemente una serie de ejercicios con un énfasis en el estiramiento. El yoga es también una actividad que puede fortalecer los músculos importantes involucrados en la digestión y puede ayudar a aliviar la hinchazón relacionada con la flatulencia y reducir los pedos o, al menos, ayudarte a tirarte pedos en situaciones más controladas. De hecho, funciona tan bien que muchas personas tienen miedo de tirarse pedos durante las clases de yoga.

Puede ser útil hacer algunos de los ejercicios de yoga a continuación para aliviar el gas, permitiéndote tirarte pedos en privado en lugar de en situaciones de grupo, o para practicar en privado para que puedas soltarlos en público. ¡Tú eliges!

- Pavanmuktasana significa libertad del aire y, como su nombre indica, puede ser útil con problemas relacionados con el gas del estómago.

Recuéstate en la espalda y lleva la rodilla derecha al pecho. Entrelaza los dedos de ambas manos en la parte superior de la rodilla para mantenerla en el pecho. Ahora levanta la cabeza e intenta tocar la rodilla con la nariz. Mantén la respiración y permanece en esta posición durante 10-20 segundos, luego relájate y estira la pierna.

Repite lo anterior con la rodilla izquierda, luego con ambas rodillas en el pecho e intenta meter la nariz entre las rodillas.

Repite todos los pasos anteriores tres o cuatro veces. ¿Oíste la flatulencia flotando afuera?

- Halasana ayuda a hacer la columna vertebral más flexible. también mejora la fuerza de los músculos y los nervios de la columna vertebral, y es un ejercicio eficaz para la vida y masajea el sistema digestivo para aliviar los problemas de flatulencia.

Acuéstate en la espalda con las piernas y los pies unidos, los brazos a lo largo de las caderas, con las manos junto a los muslos. Mantén las piernas rectas, inhala lentamente y levanta las piernas a 30 grados, 60 grados y 90 grados con una pausa en cada etapa. Mientras exhalas empuja las piernas más alto, sobre la cabeza y luego continúa hasta que toquen el suelo sin doblar las rodillas.

Estira las piernas tanto como sea posible de manera que la barbilla apriete firmemente contra el pecho. Entonces levanta las manos e intenta mantener los dedos de los pies y mantén esa posición de unos segundos a tres minutos, dependiendo de tu capacidad y nivel de confort, respirando normalmente. Termina realizando lentamente los pasos anteriores en orden inverso.

- Dhanurasana es una posición de yoga que fortalece los órganos abdominales y proporciona alivio para el estreñimiento y la flatulencia excesiva.

Acuéstate boca abajo con los brazos extendidos a lo largo de tu cuerpo y las piernas rectas. Dobla las piernas a la altura de las rodillas, llevándolas hacia adelante para poder agarrar firmemente los tobillos con las manos. Mientras respiras, estira las piernas hacia atrás y levanta los muslos, el pecho y la cabeza del suelo al mismo tiempo. Tus brazos deberían estar rectos y el peso de tu cuerpo debería estar en tu ombligo.

Las rodillas deben mantenerse cerca y la posición debe mantenerse durante unos segundos aguantando la respiración. Libera la respiración y los pedos en la cola se soltarán instantáneamente.

• La postura yoga del bebé feliz es excelente para aliviar el gas

Acuéstate sobre tu espalda y, exhalando, dobla las rodillas en tu vientre. Mientras respiras, agarra el exterior de tus pies con las manos. Si tienes dificultad para llegar a los pies con las manos, puede ser útil un cinturón pasante en cada pie. Abre las rodillas un poco más allá del torso y muévelas hacia las axilas.

Coloca cada tobillo directamente en la rodilla respectiva de manera que las espinillas sean perpendiculares al suelo. Empuja suavemente los pies en tus manos o en los cinturones de anillo mientras bajas las manos para crear resistencia. Mueve los muslos hacia el cuerpo y el suelo mientras estiras la columna vertebral. Mantén la posición de medio minuto a un minuto, luego lleva los pies al suelo mientras exhalas.

Ahora que sabes cuáles son las posiciones que te ayudarán a tirarte pedos en libertad, y que te ayudarán a convertirte en un maestro del pedo, practica hasta que tomes el control de tu trasero. ¡Tú poder será infinito!

5.2 Consejos finales

"Los sueños y los pedos se quedan en la cama."

Para aquellos que quieren llevar esta habilidad al siguiente nivel y empezar a participar y ganar carreras de pedos, aquí están algunos consejos.

Deja que fermente. No los sueltes tan pronto como los escuches llegar. Mucha gente cae en esta trampa. Simplemente deja que tus pedos se filtren lentamente, cada vez que los escuchan llegar. Tienes que darles tiempo de cocinar, de aumentar la presión.

El proceso de fermentación alcanzará resultados altamente deseables:

1) El pedo será mucho más apestoso. Al igual que un buen vino necesita tiempo para envejecer, tienes que fermentar tus pedos. Necesitan ser cultivados, convencidos y alimentados. Concédeles el tiempo y la atención que merecen en esta fase delicada. Ayúdalos a desarrollar todo su potencial.

2) Aumentará la presión. Esto te permitirá hacer mucho más daño. Aumentará

considerablemente tu versatilidad. Por ejemplo, serás capaz de hacer pedos mucho más largos.

3) Te permitirá ser mucho más fuerte y tener un mayor control sobre el tono y el volumen. ¿De qué sirve tirarte pedos si nadie puede oírte? Algunas composiciones serán amplificadas gracias a un micrófono, pero sugiero que practiques sin uno.

Cuanto más alto sea el tono, mejor. Esto viaja mucho más lejos y se puede oír sobre la mayoría de los ruidos, incluso en un ambiente ruidoso abarrotado, como un aula. Los tonos bajos son buenos si quieres hacer una declaración menor, pero para anuncios importantes, cuanto más alto, mejor. Para obtener el tono más alto, tendrás que practicar para mantener tu ano cerrado lo más firmemente posible, mientras al mismo tiempo forzar el gas a través de él. Si se hace correctamente, cantará como un pájaro. Con la práctica, serás capaz de tocar una melodía. Comienza con algo tan fácil como el Fray Martino Campanaro, antes de pasar a clásicos inspiradores como la Obertura de 1812.

El arte de esconder los pedos de tu pareja

Si puedes tirarte un pedo delante de tu media naranja, a menudo notas lo pícaro y romántico, es una señal de que has encontrado a tu alma gemela.

Eso no significa que sea verdad. Tirarte pedos es asqueroso y nadie, ni siquiera el amor de tu vida, querría estar a menos de 15 metros de ti cuando se te escapa uno. ¿Tal vez toda la línea de pensamiento es algo que los chicos inventaron para que pudieran sentirse justificados a tirarse pedos alrededor de sus chicas?

Todo esto es una manera bastante prolija de decir que si te tiras muchos pedos, salir con tu pareja durante largos períodos de tiempo puede ser difícil. ¿Es posible que se escapen por una explosión cuando ella o él no están mirando? Entonces sabrás que hay casos en los que no es posible. Con el tiempo, serás capaz de perfeccionar algunas técnicas bastante infalibles que los hombres y las mujeres pueden utilizar para tirarse pedos en secreto - y con seguridad - alrededor de sus parejas. O de hecho, cualquier persona que prefieras no notara tus pedos.

- El pedo en la acera

El pedo en la acera es especialmente útil para los pedos silenciosos pero mortales. Dependiendo del nivel de ruido ambiental - tráfico, y todo lo demás - también puedes probar un pedo de volumen moderado. Esta técnica funciona mejor cuando el viento sopla contra ti: incluso el más potente de los pedos dejará rápidamente tus alrededores cuando el gas se libere, exonerándote inmediatamente.

Si el viento no está a tu favor, culpa el olor en el aire. Pero no seas el primero en decirlo, conoces la canción de cuna de los vecchi bambini, ¿verdad? Antes de hacer el acto, echa un rápido vistazo detrás de ti para asegurarte de que nadie está caminando a tu paso. Esta es una cortesía y una manera de evitar la vergüenza. No quieres ser visto como un tirador de pedos, ni siquiera por un extraño.

- El pedo-tos

Una propuesta arriesgada para aquellos que no conocen las complejidades de su tracto gastrointestinal, el pedo-tos no es para todos. Tienes que tener una idea del poder del pedo antes de lanzarlo. Si vas a soltar uno y cubrirla con una tos, es mejor que no huela al interior del tubo digestivo de un jabalí. Pero si sabes, dependiendo de lo que hayas comido y de cómo te hace sentir el estómago, que el pedo será relativamente bajo en la escala del olor, entonces el pedo tos está ahí para ti.

Ten cuidado, igualmente. ¡El pedo nunca deberá ser más fuerte que la tos! Esto es extremadamente difícil de controlar... ya que la tos hace que el pedo salga de tu ano con más fuerza de lo esperado. Por lo tanto, es útil, pero implica un grado de dificultad mayor.

- El pedo bajo las sabanas

Si experimentas con esta técnica por un tiempo, descubrirás que incluso la flatulencia más aguda pasa desapercibida si lo haces bien. (Advertencia: utiliza un edredón, una barrera gruesa entre el pedo y la nariz. Si sólo duermes con una sábana encima, no podemos garantizar la fiabilidad de este método.) Asegúrate de que tu pareja no levante las mantas durante unos cinco minutos después de soltar una.

El gas se queda ahí más tiempo del que crees, como sabe cualquiera que se haya tirado pedos bajo las sábanas. El pedo bajo las sábanas es lo mejor para los pedos tranquilos, que, según mi experiencia, a menudo llegan por la mañana, cuando no quieres molestar al levantarte e ir al baño.

- El pedo en el baño

El pedo en el baño funciona genial si no lo usas demasiado. Tu media naranja sospechará si te acercas sigilosamente al baño cada 10 minutos para tirarte uno. Probablemente empezará a pensar que tienes más problemas estomacales que un poco de gas flotando ahí. De todos modos, es útil si tienes que hacer pis, en cuyo caso puedes tirar de la cadena mientras haces el acto.

Los baños no esconden tanto ruido como pensamos, así que si puedes encender el ventilador y quizás el lavabo, entonces mejor. También lanza una tos, sólo para estar a salvo. Asegúrate de que tu pareja no entre inmediatamente después de ti y trata de dejar la puerta ligeramente entreabierta para que la habitación pueda airear gradualmente.

- El pedo fragmentado

Si se hace bien, esta es una de las técnicas más eficientes. Debes saber que eres capaz de soltar el pedo por partes hasta que esté completamente fuera de su sistema. No puede ser tan grande como para salir completamente cuando empieces a sacar. (Estos son mejores para el baño.) Si lo dejas salir un poco aquí, un poco alla, en cinco o diez minutos, nadie se dará cuenta.

Este método es más práctico cuando estás cenando, preferiblemente en un restaurante, por lo tanto, tu media naranja no puede ver lo que está pasando debajo de la mesa mientras flexionas cuidadosamente el esfínter para liberar el gas. Recuerda que tus expresiones faciales pueden traicionarte. Bebe un sorbo de tu bebida cuando estés a punto de soltar uno, para que tu cara esté parcialmente oculta.

- El pedo en la cocina

Pescado, tocino o cualquier otra cosa con las cebollas ayudará a enmascarar cualquier olor. Si estás invitando a tu pareja a cenar, elije uno de estos alimentos o algo con un aroma que impregne tu casa por un tiempo. Confundirá los aromas y nadie sabrá si ese olor es gas o comida - o ambos. Sin mencionar el hecho de que tu media naranja estará tan fascinada de que preparaste la cena que ni siquiera se dará cuenta de que el olor apestoso podría ser debido a un pedo.

- El pedo atrapado

El pedo atrapado es la técnica más arriesgada de todas y debería usarse con moderación. Es útil para los viajes en coche cuando no tienes otra opción (y bajar la ventanilla sería sospechoso), o para cuando te estás acurrucando en el sofá y prefieres no matar la atmósfera. (Ten en cuenta, sin embargo, que tirarte gases matará la atmósfera mucho peor que levantarte para ir al baño.)

Recomiendo que practiques un par de veces antes de probarlo delante de tu pareja. No siempre funciona, especialmente porque requiere un poco de destreza con tus nalgas para sellar el pedo debajo de ti. Para hacer eso, siéntate derecho, aprieta el culo, fuerte, en el asiento y une las piernas. Puedes apuntar ligeramente el pedo delante de ti para que no se escape por la parte trasera.

Así que sácalo lentamente y en silencio y espera el veredicto.

Curiosidades sobre los pedos

*"Cuando el culo está acostumbrado al pedo,
no se puede mantener callado."*

1. El humano promedio se tira pedos 14 veces al día.

Cuántas veces lo harán frente a otros determinará exactamente cuán "humanos" - en realidad, "inhumanos" - son.

2. Pedos suficientes cada día para llenar un globo.

El ser humano promedio produce alrededor de 700 ml de flatulencia al día, ¡suficiente para hacer explotar un globo de cumpleaños!

3. ¿Qué es exactamente un pedo?

La flatulencia, que se produce en casi todos los organismos vivos, es una mezcla de hidrógeno, nitrógeno, oxígeno, dióxido de carbono, dióxido de azufre y, en algunos casos, metano. Estos gases se producen como subproducto de trillones de bacterias que descomponen los alimentos durante el proceso digestivo.

4. ¿Se pueden medir los pedos?

Sí, en efecto, es posible: usando un "catéter rectal", los investigadores son capaces de empujar un tubo en el ano de un paciente para determinar el volumen de gas producido durante el sagrado acto de tirarse pedos.

5. La velocidad de los pedos.

Los pedos salen del ano y entran en el mundo a una velocidad de 3 por segundo, o un poco menos de 12 kilómetros por hora.

6. ¿Qué demonios es ese olor?

De hecho, sólo el 1% o menos del gas en tu pedo diario, ordinario, apesta. El principal culpable es el sulfuro de hidrógeno, que genera las notas rancias de "huevo podrido" que hacen de los pedos la ruina de las fosas nasales del mundo.

7. Los pedos de las mujeres huelen peor que los de los hombres.

Claro, hay un número de personas que piensan que es divertido tirarse pedos delante de los demás y, para ser justos, las mujeres no tienden a estar entre estas personas. Pero antes de desafiar a una mujer, los hombres deben darse cuenta de que los pedos femeninos tienen una concentración de sulfuro de hidrógeno más alta que los de los hombres y por lo tanto, pedo por pedo, son más olorosos que los pedos de los hombres.

8. Un pedo con cualquier otro nombre tiene el mismo olor apestoso.

La palabra "pedo" se considera un "vulgarismo" y, al igual que el pedo mismo, no se recomienda para uso en compañía educada. El nombre educado es "flatus", aunque casi nadie lo usa. Se dice que la palabra "pedo" fue acuñada en 1632 y definida como "sacar viento del ano". No sé de dónde viene el uso de la palabra "viento" porque no es frecuente que el olor del viento te haga querer vomitar.

9. Tirarse pedos entre los antiguos.

El emperador romano Claudio declaró que "a todos los ciudadanos romanos se les debería permitir tirarse pedos cada vez que era necesario", que es una antigua variante de la máxima moderna, "Dondequiera que estés, deja que el viento sople libre". Se decía que los antiguos japoneses habían celebrado "concursos de pedos" para ver quién podía hacerlo más fuerte y más largo. El médico griego Hipócrates decretó que "Tirarse pedos es necesario para el bienestar".

10. El chiste grabado más viejo en la historia es una broma sobre pedos.

El profesor Paul Mcdonald de la Universidad de Wolverhampton define un chiste sumerio de 1900 a.C. como el chiste más antiguo del mundo.

11. Los pedos están esparcidos por la historia literaria.

A pesar de nuestra repulsión moderna por la flatulencia humana - es un argumento tan indecible, puede calificarse como una forma de pornografía - los maestros literarios de la antigüedad no han sufrido de tales bloqueos. Las luminarias de la literatura que han mencionado los pedos incluyen a William Shakespeare (la flatulencia se menciona cinco veces en sus obras de teatro), Jonathan Swift (que escribió un ensayo de 1722 titulado "The Benefit of Farting Explained"), Geoffrey Chaucer (cuyos Canterbury Tales incluyen una línea sobre un hombre que "ha hecho un pedo tan fuerte como un trueno"), Dante Alighieri (cuyo infierno menciona un demonio que ha utilizado "su ano como una trompeta"), y el padre fundador Ben Franklin, que escribió un ensayo completo titulado "Fart Proudly".

12. Hitler se tiraba pedos muchas veces

No sólo el infame dictador nazi era un maníaco, sino que también sufría de hepatitis y calambres gastrointestinales, lo que le llevó a una condición de flatulencia crónica para la que tomó 28 medicamentos diferentes. Es casi seguro que nadie se ha quejado a Hitler del olor.

13. ¿Quieres un "bocadillo de legumbres de flatulencia reducida"?

Un ingeniero alimentario llamado Massoud Kazemzadeh obtuvo una patente en 2001 para "snacks a base de legumbres y flatulencia reducida" que supuestamente contenían la nutrición de un frijol sin ninguna molesta hinchazón.

14. Ok, ¿qué me dices de un poco de ropa interior anti-pedos?

Un fabricante conocido como Shreddies produce ropa interior con "absorbentes forrados de carbón" diseñados para reducir la ofensiva de su flatulencia.

15. Hay píldoras que pueden hacer oler tus pedos de chocolate o rosas: Tú eliges.

Un francés llamado Christian Poincheval estaba disgustado en una cena con amigos: "Nuestros pedos olían tan mal que estábamos por asfixiarnos. Algo habia que hacer. "En lugar de sentir lástima de sí mismo, el inventor proactivo ha desarrollado una píldora que hace la flatulencia humana tan dulce como las rosas o seductora como el chocolate. ¡Y ahora las vende por Internet!

16. Está bien, si no comes bocadillos de flatulencia reducida, no te pones ropa interior anti-pedos y no te tomas las pastillas perfumadas para los pedos, ¿qué me dices de los remedios naturales a base de hierbas?

Si prefieres ser "hippie" para hacer frente a tu problema de gas, las sustancias naturales y terrestres que disminuyen la fuerza de la flatulencia incluyen menta, jengibre, yogur, calabaza, cardamomo e hinojo. (Fuente)

17. Es incómodamente fácil tirarse pedos en los aviones.

Debido a la presión de la cabina, en un avión se acumula más gas intestinal que cuando los pies están bien plantados en tierra firme. Lo que es peor, el hecho de que el 50% del aire de la cabina se recircule significa que esos apestosos estarán más tiempo de lo normal.

18. Por otro lado, es imposible tirarse pedos en el mar azul profundo.

La presión subacuática a una profundidad de 20 o más por debajo del nivel del mar hace que el gas digestivo deje de formar burbujas y en cambio se inflama dentro del colon del subacuático. (Fuente)

19. Los miembros de una tribu sudamericana se saludan con pedos.

La tribu Yanomami que vive en la selva amazónica tradicionalmente se saluda unos a otros con una explosión ruidosa y amistosa de gas anal.

20. Sí, idiota repugnante, puedes prenderles fuego.

¿Hay una raza más molesta que "hombre de fiesta" que ese idiota que quema sus pedos? ¡por supuesto que no! Tanto el metano como el hidrógeno son inflamables, tan inflamables, de hecho, que un cobertizo lleno de 90 vacas tirándose pedos se incendió en una quesería alemana en 2014. ¡Pero quemar tus pedos en una fiesta es tan divertido! ¡Lo sabemos, pero trata de no quemarlo todo!

21. *La inhalación de pedos puede ser saludable.*

Según los investigadores de la Universidad de Exeter, oler pequeñas cantidades de sulfuro de hidrógeno, el gas que hace que los pedos huelan, puede revertir el daño mitocondrial y ayudar a prevenir accidentes cerebrovasculares, demencia, cáncer y ataques cardíacos.

22. *La razón por la que tus pedos no huelen tan mal como los de todos los demás.*

Es la misma razón por la que no te das cuenta de que tu casa apesta a tu propio perro o que no puedes oler la carne de hamburguesa podrida que ha estado atrapada detrás de tu refrigerador durante dos meses: porque estás acostumbrado. Te "acostumbras" a los apestosos, a los olores y a los aromas que tu cuerpo genera y por lo tanto no esta inmediatamente molestado como lo sería del hedor de los demás.

23. *Pedos entre los muertos.*

Durante un máximo de tres horas después de la muerte y antes de que se establezca el rigor mortis, se sabe que los cuerpos humanos muertos continúan eructando y tirándose pedos.

24. Ano más apretado = pedos más fuertes.

Si tiendes a emitir gases fuertes como un concierto de Metallica, solo significa que no tienes un ano abierto y descuidado que te permitirá sacarlos mucho más silenciosamente. Así que sigue adelante y estate avergonzado de que te tires un pedo tan fuerte, pero también orgulloso de que tu ano esté apretado.

25. "Olfateador de pedos profesional" es un trabajo en China.

Estos chicos inteligentes ganan hasta $ 50.000 por año diagnosticando enfermedades digestivas simplemente por el olor de la flatulencia del paciente.

26. A los perros les encanta el olor de los pedos.

A pesar de que probablemente culpas al mejor amigo del hombre cuando te tiras un pedo delante de la compañía, tu perro nunca te culpará por tirarte un pedo, porque le encanta el aroma de la flatulencia y te apuntará hasta el hocico en el culo para tener una olfateada mejor.

27. Las termitas son las mayores tiradoras de pedos de la Tierra.

¡Se dice que esos pequeños y asquerosos insectos masticadores de leña son responsables de un enorme 11% de todas las emisiones de metano en el planeta, más que vacas o humanos, incluso vegetarianos! Según la EPA:

Las emisiones globales de metano debidas a las termitas se estiman entre 2 y 22 Tg por año, convirtiéndolas en la segunda fuente natural de emisiones de metano. El metano es producido por las termitas como parte de su proceso digestivo normal y la cantidad generada varía entre las diferentes especies.

Las termitas también son capaces de explotar como terroristas suicidas con una combinación de pedos y heces en un proceso llamado "autotisis". Los científicos han descubierto incluso pedos de termitas fósiles prehistóricas atrapadas en ámbar.

28. Los arenques se comunican mediante los pedos.

La dulce y sabrosa criatura marina conocida como el humilde arenque se comunica con otros arenques a través de los ruidos generados por los pedos subacuáticos.

29. Hay una criatura marina que se tira pedos por la boca.

Lástima por el pobre Crinoide. Su tracto intestinal tiene forma de U, lo que significa que su flatulencia se libera justo al lado de su propia boca.

30. ¿Cuántos pedos harían falta para hacer una bomba atómica?

Aparentemente hay personas con tanto tiempo a su disposición, que se sientan a evaluar ese potencial. Una estimación es que una persona debe tirarse pedos sin parar durante seis años y nueve meses para generar la energía de una bomba atómica. O todos en la Tierra deberían hacer nueve pedos al mismo tiempo para crear una bomba de hidrógeno.

31. Algunas personas tienen un fetiche por los pedos.

A pesar de que la mayoría de la gente se retrae a la mera mención de la palabra "pedo", hay un pequeño subgrupo de humanos que están muy excitados sexualmente por la flatulencia. El fetiche se llama "eproctofilia".

32. Las peores comidas para tirarse pedos.

De hecho, estos son los alimentos "mejores" si su objetivo es tirarse más pedos: verduras crucíferas, huevos, carne roja, alimentos que contienen sorbitol, alimentos ricos en fibra, productos lácteos, ajos y alimentos ricos en levadura. Los frijoles son conocidos por la producción de flatulencia, pero no tienden a generar ese olor a azufre típico de los pedos.

33. Casi la mitad de las mujeres se han tirado pedos durante el sexo.

Según un estudio realizado en la Universidad de California San Francisco-East Bay, el 43% de las mujeres entrevistadas informaron que habían experimentado "incontinencia por flatulencia" en los tres meses anteriores, aunque esto no les impidió tener sexo.

34. El fabuloso juguete de goma que imita los pedos

De una forma u otra, los juguetes diseñados para emular los sonidos de los pedos están en circulación desde el Imperio Romano, pero fue sólo en 1920 que la almohada whoopee se inventó para generar alegría y risas entre aquellos que siempre piensan que los pedos son histéricos en lugar de repugnantes.

35. *La inquietante proliferación de aplicaciones para pedos falsos*

Debido a que los seres humanos siguen retrocediendo incluso con el progreso de la tecnología, hay al menos 60 aplicaciones para el iPhone que recrean el sonido de la flatulencia humana.

36. *Flatulencia como mecanismo de defensa*

Un psicoanalista publicó un estudio en 1996 sobre un chico que había sido abandonado por sus padres y aprendió a "envolverse en una nube protectora de familiaridad" rechazando posibles intrusos con el olor de su gas intestinal. El investigador se refirió a esto como "flatulencia defensiva ".

37. *Explosiones durante la cirugía intestinal*

Los anales (¿anales?) De la ciencia incluyen algunos casos en los que la acumulación de gases intestinales durante una cirugía realmente dio lugar a explosiones en el quirófano.

38. *Hay cientos de otros términos para "pedos"*

Estos eufemismos incluyen "viento", "apestoso", "gas".

Tipos de pedos

Ya lo hemos dicho en todas las maneras posibles: todos se tiran pedos. Nosotros nos tiramos pedos, ustedes se tiran pedos, Manuela Arcuri lo hace, Raúl Bova lo hace. No hay nada raro ni nada antinatural al respecto. Y a todos les salen bombas apestosas de vez en cuando.

Pero hablemos de los tipos de pedos existentes - porque hay varios - que todos hemos hecho, y que nunca admitiríamos que hemos hecho.

El primero del que vamos a hablar es "El asesino secreto". Este pedo se desliza y es silencioso, pero contamina todo el ambiente, sin remordimientos. Este pedo puede pasar en público, y si lo hace, te sentirás feliz de que el pedo apestoso sea silencioso, y luego te sentirás avergonzado de que huelas como algo que murió hace tiempo. ¡Lo bueno es que nadie sabrá que fuiste tú!

El segundo pedo que hay que mencionar es "El grito ruidoso". Este pedo suele ir precedido de gorgoteos: estos últimos se deben al gas en el estómago, que busca una salida. Además, este pedo podría causar un dolor muy desagradable en el abdomen. Hay alivio, sin embargo, cuando el pedo por fin sale de la nave nodriza: lo hará emitiendo un sonido alto y fuerte, lleno de orgullo y satisfacción. Finalmente, eres libre.

Ahora hablemos del tercer tipo de pedos: El comprobador. Este peto se emite generalmente en un lugar público. No quieres que nadie se dé cuenta de tu crimen, ni quieres que el olor se derrame alrededor, así que sueltas un pedo controlado para tantear el terreno. De esta manera, te darás cuenta de lo apestoso que es el pedo, si es ruidoso o no, y su poder en general.

Si el pedo es silencioso, y no huele demasiado, entonces sabrás que puedes liberar el resto sin que nadie se dé cuenta y por lo tanto no te sentirás avergonzado. De lo contrario, deberás dirigirte rápidamente al baño más cercano.

Ahora, hablemos de la "falsa alarma": el pedo bastardo y mentiroso: que te hace pensar que tienes que correr hacia el baño más cercano para librarte de lo que te pesa. Pero una vez en el baño, te das cuenta de que era sólo el: el pedo traicionero. Prácticamente: un viaje inútil.

"El disfrazado" es el peor pedo de todos: el que crees que es un pedo, pero esconde algo peor. El tirador de pedos, que cree erróneamente que está a salvo, suelta el pedo, pensando que no es nada más, y termina jodido. Y cuando se da cuenta de que el pedo esconde algo más, ya es demasiado tarde, y los calzoncillos ya están arruinados. Lo impensable ha ocurrido realmente. La única solución, en ese momento, es correr al baño y reparar el daño como sea posible.

"El sonriente" es el pedo que realmente nos ha pasado a todos, y ha causado vergüenza a los tiradores de pedos y a los presentes. Es el que sale sin avisar cuando te estás riendo con tus amigos. Lo peor es que ni siquiera es uno de esos silenciosos y tímidos pedos que no se escuchan: ¡es ruidoso, y a veces apesta! Con la esperanza de que tus amigos sean decentes, se reirán unos minutos y se olvidarán. Pero si tus amigos son un poco traviesos, seguirás oyendo hablar de ello por un tiempo: ¡prepárate!

"El activo" es el pedo que se te escapa cuando corres, lento e inexorablemente, con cada nuevo paso: igual a un globo que se desinfla. En ese punto, empezarás a correr más lento, para que el pedo no salga de repente, avergonzado delante de los presentes. Si tienes suerte, el pedo saldrá poco a poco, silencioso y sin causar mucho olor.

"El culpable": el pedo cuya vergüenza dura demasiado. Este peto siempre se libera en público, generalmente en presencia de amigos, y siempre es extremadamente embarazoso. De hecho, después de liberar esta bomba mortal, te das cuenta de que el olor ha contaminado toda la habitación, y que todo el mundo ha notado el olor. Entonces empieza el juego de la culpa: "¿Quién lo hizo? ¡Yo no!" "¡Yo tampoco! ¡Qué asco!". Tú también, para que no te atrapen, vas a empezar a quejarte del olor y a culpar a alguien más, diciendo que no fuiste tú. ¡Un aplauso para el coraje!

Ahora que sabes todo lo que hay que saber acerca de los pedos, divirtámonos un poco con chistes y bromas estúpidas que probablemente ya has oído mil veces. ¡Aquí están los mejores chistes y bromas sobre pedos! ¡Esperemos que estas risas no te provoquen un pedo sonriente!

Chistes y bromas
sobre pedos

Algunos creen que reírse de los pedos es infantil, pero estamos totalmente en desacuerdo. Es por eso que hemos encontrado los chistes sobre los pedos más divertidos, y los traemos a continuación para nuestros lectores:

- **La anciana se equivoca**

Una ancianita con todo el pelo blanco entra en la consulta de un médico poco a poco. "Doctor - dice - tengo un problema con el gas intestinal. No es que me moleste mucho, porque los pedos que hago son silenciosos y absolutamente sin olor. Pero me molesta un poco: Verá, desde que entré en su estudio, habré dejado una veintena. Por supuesto ella no se dio cuenta porque son muy silenciosos y no apestosos, pero es así.". El doctor la mira y responde: " Comprendo. Conozco bien este tipo de problema. Haremos dos tratamientos separados. El primer tratamiento consiste en tomar estas pastillas durante una semana ininterrumpida. Después de eso, vuelve y veremos la segunda parte ".

Una semana después, la ancianita vuelve: " Doctor, no sé qué me ha dado para tomar, porque ahora mis pedos son silenciosos, ¡pero de un olor insoportable...!". Y el doctor, poniéndose de pie con una sonrisa, le dice: "Bien, abuelita. Ahora que la sinusitis se ha curado, ¡veamos lo que podemos hacer por el oído!".

- **¡Carletto no lo había pensado!**

Carletto tiene una forma maníaca de pasión por los frijoles pintos, come montañas. Para el desayuno, el almuerzo y la cena.

Incluso los bocadillos son a base de frijoles. Carletto se traga estas legumbres, aunque sabe que tienen efectos devastadores sobre él: pedos tales que los truenos de Zeus parecen petardos mojados.

Pero un día conoce a la mujer de su vida y, para no perderla, decide dejar de comer frijoles.

Durante casi un año todo está bien, pero una noche, al volver de un viaje de negocios, Carletto se detiene en un restaurante donde sale un aroma inconfundible e irresistible. Entra y se llena de sopa de frijoles, ensalada de frijoles y estofado de frijoles hasta reventar.

Cuando llega a casa, encuentra a su mujer toda agitada:

- " ¡Cariño, esta noche hay una sorpresa para cenar!"

Carletto es vendado en los ojos, llevado al comedor y acomodado en su lugar habitual. La esposa le recomienda que no se quite la venda bajo ninguna circunstancia. Mientras está sentado, el pobre siente que algo va subiendo en su vientre, pero se detiene. Por suerte suena el teléfono y la esposa corre a responder.

Carletto aprovecha para tirarse un pedo del siglo: levanta la pierna y hace un trueno inaudito, seguido de un suspiro de alivio. El olor es terrorífico, Carletto busca la servilleta para mover un poco el aire, pero no ha terminado: un súper peto aún más devastador se está haciendo camino.

Escucha a su esposa hablar concienzudamente y aprovecha de nuevo. El resultado es peor que el primero: un rugido del décimo grado de la escala Mercalli y un olor pestilente de ratón muerto.

De allí a poco su esposa vuelve, Carletto hace como si nada y se arregla la servilleta en las piernas, asumiendo una expresión tranquila:

- " Cariño, ¿has mirado debajo de la venda?"

- " ¡No, cariño, lo juro!"

En este punto la esposa le quita la venda a Carletto y él se encuentra frente a la sorpresa: ¡Veinte amigos y colegas, invitados a cenar, sentados a su alrededor, listos para desearle feliz cumpleaños!

-   El peso de los pedos

Pierino le pregunta a papá:

- " ¡Papá! ¡¿Los pedos pesan?!"

- " No, Pierino. ¿Por qué preguntas eso?"

- " ¡Entonces me cagué encima!"

-   El niño que corre

¿Sabes lo que hace un niño que corre y se detiene?

Los pedos.

-   Los sordos y los pedos

¿Saben por qué apestan los pedos?

Para hacer oír incluso a los sordos.

-   **El abuelo en la mesa**

Estamos en el campo, una familia patriarcal está sentada alrededor de una mesa enorme para la cena.

En la cabecera de la mesa está el abuelo de 85 años, un poco golpeado. En algún momento el anciano empieza a inclinarse peligrosamente hacia adelante. Todos empiezan a gritar:

- "¡Oh, el abuelo se cae, el abuelo se cae!". El papá lo endereza y todos vuelven a comer. Pasa unos minutos y el abuelo comienza a doblarse a la derecha. Otro grito:

- "¡¡Oh!! ¡El abuelo se cae! ¡El abuelo se cae!". El papá lo endereza de nuevo y la cena se reanuda.

Después de un rato, el viejo se inclina a la izquierda y todos gritan de nuevo:

- "Oh que abuelo se cae! El abuelo se cae!".

Papá se acerca para enderezarlo de nuevo, pero el abuelo lo mira enojado y se pone a gritar:

- " ¿Es posible que en esta casa ni siquiera se pueda tirar un pedo?"

Conclusión

En condiciones normales, la mayoría de los gases que forman el pedo provienen de nuestra boca. Sólo el 10% de estos gases aparecen en la fermentación de los alimentos a lo largo de nuestro intestino grueso. El resto no es más que aire que accidentalmente tragamos durante la comida o incluso burbujas de aire presentes en la saliva o en las bebidas gaseosas (soda y cerveza, principalmente).

Estos gases viajan a través del tubo digestivo hasta que encuentran los gases producidos por la acción de las bacterias en los alimentos. Juntos, estos gases alcanzan la ampolla rectal - la última parte del tubo digestivo, que termina en el ano - y permanecen comprimidos hasta que se abre una brecha para sacarlos y arruinar el día a alguien más.

Esto sucede de 12 a 25 veces al día, liberando un total de 1 litro/1 litro y medio de gas. Y si crees que los hombres se tiran pedos más que las mujeres, te equivocas tristemente. Ni siquiera el olor y el sonido eligen el sexo. El olor depende de lo que has comido y el ruido es una combinación de factores.

No es todo. También hablamos de cómo tirarnos más pedos, más y mejor. Para aprender a eliminar los gases y evitar una panza hinchada, sigue nuestros consejos y descubre cuáles son los hábitos que marcarán la diferencia en tu día.

Cuando la comida tarda más de lo normal en digerirse dentro del tubo digestivo, el cuerpo comienza a eliminar el gas y el intestino se relaja. Entonces, si te sientes encarcelado por tus pedos, ¿qué puedes hacer?

Aprieta el abdomen: acuéstate sobre tu espalda y con las rodillas dobladas sobre tu vientre, aprieta el área abdominal. Esto ayudará a eliminar estos gases. Masajea el estómago con movimientos específicos: realiza movimientos en el abdomen de arriba hacia abajo y en movimientos circulares;

Beba té de melisa: tiene propiedades antiespasmódicas y por lo tanto inhibe la aparición de espasmos en el estómago. Otra buena opción es el té de jengibre, ya que contiene aceites esenciales, como el eugenol, que reduce los espasmos musculares.

Además, hemos hablado de las mejores recetas para crear el pedo mortal, y de las mejores maneras de esconder sus pedos.

En este punto, eres un experto en pedos, y estás listo para enfrentarte al mundo, ¡buena suerte!

Del mismo autor Mao Tze Tze: la Collana
"Cose da Fare"

*Canal Instagram cose da fare (contáctanos
por privado para recibir nuestros productos
de forma gratuita y previa, o escriba a
granmaestromaotzetze@gmail.com)*

www.ingramcontent.com/pod-product-compliance
Lightning Source LLC
Chambersburg PA
CBHW071340140726
47996CB00005B/2061